Konstanzer Universitätsreden

Begründet von Gerhard Hess,
fortgeführt von Horst Sund,
herausgegeben von Bianka Pietrow-Ennker, Brigitte Rockstroh
und Horst Sund

253
Aleida Assmann
Vom vormodernen zum modernen Zeitregime

Aleida Assmann

Vom vormodernen zum modernen Zeitregime

Shakespeare und Milton

2016
UVK Universitätsverlag Konstanz GmbH

Der folgende Text wurde am 7. Juli 2014 als Abschiedsvorlesung an der Universität Konstanz gehalten.

Gedruckt mit freundlicher Unterstützung
der Universitätsgesellschaft Konstanz e.V.

Bibliografische Information der Deutschen Nationalbibliothek
Die Deutsche Nationalbibliothek verzeichnet diese Publikation
in der Deutschen Nationalbibliografie; detaillierte bibliografische Daten
sind im Internet über http://dnb.d-nb.de abrufbar.

ISSN 0454-3335
ISBN 978-3-86764-669-7

Printed in Germany

UVK Verlagsgesellschaft mbH
Schützenstr. 24 · D-78462 Konstanz
Tel. 07531-9053-0 · Fax 07531-9053-98
www.uvk.de

Erster Teil: Allgemeines über Zeitvorstellungen und das moderne Zeitregime

Kulturelle Grundlagen

In den verschiedenen Kulturen ist Zeit sehr unterschiedlich dargestellt worden. In altägyptischer Vorstellung imaginierte man Zeit als einen zyklischen Verlauf und stellte ihn in Gestalt einer sich in den Schwanz beißenden Schlange dar.

Ouroboros (Schwanzfresser) – Darstellungen aus drei Jahrtausenden

Die Bedeutung dieses esoterischen Geheimzeichens besteht darin, dass hier Anfang und Ende miteinander zu einer Einheit verbunden werden. Da auf diese Weise der Tod überwunden wird, ist der Uroboros, wie die Griechen diese Figur genannt haben, eher als ein Bild der Ewigkeit zu lesen. Demgegenüber ist die westliche Vorstellung von einer klaren Auffächerung der Zeitstufen geprägt. Das beginnt schon mit dem lateinischen Tempus-System, in dem die Unterscheidung zwischen Vergangenheit, Gegenwart und Zukunft sprachlich fest verankert ist.

Darstellung der Prudentia, *Allegorie der umsichtigen Vernunft als Triciput (Drei-Kopf), die die drei Zeitstufen Vergangenheit, Gegenwart und Zukunft überblickt (aus einem Emblembuch der Renaissance. QUAE SUNT, QUAE FUERINT, QUAE MOX VENTURI: die sind, die waren, die bald kommen werden).*

Tizians Prudentia mit doppeltem Triciput, das die drei männlichen Lebensalter mit drei verschiedenen Tieren koppelt, die Vergangenheit, Gegenwart und Zukunft symbolisieren.

Vor dem Hintergrund jüdisch-christlicher Überlieferung stellt sich die Zeit zudem erstmals als eine offene, in die Zukunft gerichtete Entwicklung dar. Prägend für diesen neuen Zukunftshorizont ist das Einwirken Jahwes in die Geschichte des israelischen Volkes. Der Gott Israels greift in historische Verläufe ein und lässt sich nicht mehr wie andere Götter auf klar umschriebene Qualitäten festlegen. »Ich bin, der ich sein werde« lautet die Übersetzung seiner Selbstdefinition, die die Vorstellung göttlicher Transzendenz auf ganz neue Weise mit zeitlicher Transzendenz verbindet. Ferner kommt noch das entscheidende Novum des Wartens auf die Rückkehr des Messias und die Antizipation des Endes der Geschichte hinzu, was in verschiedenen apokalyptischen Bewegungen einen starken Sog in Richtung Zukunft ausgelöst hat. Verheißung und Erwartung sind ganz zentrale Impulse der jüdisch-christlichen Religion, die das Zeitempfinden deutlich auf die Zukunft ausgerichtet haben.

Wir sprechen gern verallgemeinernd von zyklischen und linearen Zeitvorstellungen. In Bildern wie Kreis und Linie oder Pfeil ist der Unterschied der kulturellen Zeitformen jedoch überprononciert.

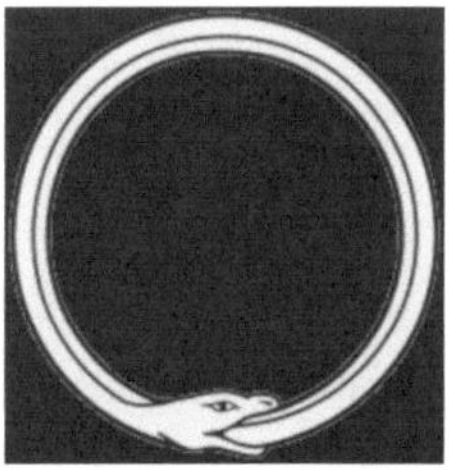

Zeit als Kreis und als Pfeil

Es gibt keine Religion, ja überhaupt kein Zeiterleben, das auf die wiederholende Kreisbewegung verzichten könnte. Religiöses Leben und kulturelle Praktiken vollziehen sich nach wie vor weitgehend in zyklischen Zeitmustern und rituellen Wiederholungshandlungen, die meist im kosmischen Zyklus der Jahreszeiten verankert sind.

Mein Thema ist aber nicht der religions- oder kulturtypologische Gegensatz zwischen zyklischen und linearen, kosmischen und eschatologischen, geschlossenen und offenen Zeitvorstellungen, sondern historisch sehr viel spezifischer der Unterschied zwischen dem vormodernen und dem modernen Zeitregime. Deshalb die erste Frage: was ist überhaupt ein Zeitregime? Ein Zeitregime ist ein kulturell fundiertes, in den Institutionen eines Staates und den Gefühlen der Mitglieder einer Gesellschaft verankertes System von Zeit-Vorstellungen, an dem sich das Denken, Planen, Handeln und nicht zu vergessen: das Fühlen der Menschen ausrichtet. Ein Zeitregime wirkt mit der ›normativen Kraft des Faktischen‹, wie sie Georg Jelinek definiert hat: das ist die »unter Menschen verbreitete Tendenz, dem bestehenden Status quo eine normative Autorität zuzuschreiben. Die Menschen tun das, weil ihre Wahrnehmung des Ist-Zustandes von den Kräften geprägt wird, die in diesem Zustand zum Tragen kommen. Die in diesem hermeneutischen Zirkel gefangenen Menschen wechseln rasch von der Wahrnehmung des Bestehenden zur Annahme, dass ein bestimmter Zustand normal sei und somit eine gewisse moralische Notwendigkeit haben müsse. Wenn es zu Umwälzungen oder Störungen kommt, passen sie sich rasch an die neuen Umstände an und weisen ihnen die gleiche normative Eigenschaft zu, die sie in der früheren Ordnung wahrgenommen hatten.«[1]

Das moderne Zeitregime

Den Unterschied zwischen dem vormodernen und modernen Zeitregime hat keiner klarer herausgearbeitet als der Historiker Reinhart Koselleck. Er hat uns für seinen Beginn auch ein genaues historisches Datum angeboten, nämlich die von ihm sogenannte Sattelzeit um 1770. Das ausgehende 18. Jahrhundert galt ihm als eine Schlüsselphase, in der Vieles grundgelegt wurde, was unsere westliche Moderne begründete.

Dazu gehörten

- Aufklärung und Säkularisierung
- neue abstrakte Begriffe, die durch Singularisierung bestehender Begriffe entstanden wie die ›Geschichte‹ aus den Geschichten oder die ›Kunst‹ aus den Künsten. Diese Begriffe haben auch die Voraussetzung für neue Fächer an den Universitäten geschaffen
- eine Ausdifferenzierung der kulturellen Wertsphären, damit einhergehend
- eine stetige Komplexitätssteigerung und last but not least:
- ein ganz auf die Zukunft, und das heißt zugleich: auf Fortschritt, Wandel, Entwicklung und Beschleunigung ausgerichtetes neues Zeitregime.

Das moderne Zeitdenken hat Koselleck als eine Umstellung von der bislang vorherrschenden Vergangenheitsfixierung auf eine neue Zukunftsorientierung beschrieben. Die neue Zeitauffassung verbündete sich dabei mit den Werten des Wandels, des Neuen, der Kreativität. Die zentrale Idee ist dabei, dass die Zeit an sich schöpferisch ist: »what is essential to time«, so schrieb der Philosoph Samuel Alexander 1920, »is that it is creative: that something comes into being which before

1 Zitiert nach Christopher Clark, Die Schlafwandler. Wie Europa in den Ersten Weltkrieg zog, München DVA 2013, 467-8.

was not«.[2] Die neue historische Epoche, die auf den Fortschritt des permanenten Wandels setzte, konnte nichts mehr aus der Geschichte lernen. Dieses neue Zeitgefühl setzte den alten Topos von der ›Geschichte als Lehrmeisterin des Lebens‹ (historia magistra vitae) außer Kraft.

HISTORIA MAGISTRA VITAE: Die Geschichte als Lehrmeisterin des Lebens

Damit änderten sich die Voraussetzungen der Wissensproduktion grundlegend. Wo kein Stein mehr auf dem alten blieb oder bleiben sollte, konnte man auch nicht mehr erwarten, dass es für neue Probleme noch alt-bewährte Lösungen gab.
Im Gegenteil wurden nun neue Kulturtechniken der Veränderung privilegiert, zum Beispiel

- in der Wissenschaft die exakte Beobachtung und wissenschaftliche Experimente
- in der Kunst ein Geniekult, der mit kulturellen Traditionen bricht
- und in der Gesellschaft die Autorisierung ›junger‹ revoltierender Generationen gegenüber den ›alten‹ wie etwa im Sturm und Drang.

Koselleck haben wir auch die berühmte Strukturformel dieses modernen Zeitregimes zu verdanken. Sie lautet: die Zeit der Moderne

2 Samuel Alexander, Space, Time and Deity 1920.

vollzieht sich nicht mehr in Rückbindungs- und Rückholungsoperationen, sondern im Gegenteil in Absetzungsbewegungen und Operationen des Brechens. Das gesamte Zeitgefüge lässt sich von nun an in nur noch zwei Dimensionen aufspalten: einen Erfahrungsraum und einen Erwartungshorizont, die immer weniger miteinander zu tun haben. Der Erfahrungsraum bezieht sich auf das, was endgültig vorbei und erledigt ist, und das man deshalb getrost hinter sich lassen kann. Durch diese Bestimmung verwandelt sich das Vergangene in einen großen Abfallhaufen, aus dem die Historiker noch Spezialwissen generieren können, das aber jegliche Aktualität und soziale Energie eingebüßt hat. Alle Aufmerksamkeit und Konzentration richtet sich dagegen auf den Erwartungshorizont der Zukunft, der als vielversprechender Möglichkeitsraum antizipiert, imaginiert, erträumt, ersehnt, geplant und gestaltet wird.

Januskopf (aus einem Emblembuch der Renaissance)

Die Dichotomie zwischen Erfahrungsraum und Erwartungshorizont

Die Strukturformel vom Aufbrechen der Zeit in einen Erfahrungsraum und einen Erwartungshorizont enthält für mich zwei gravierende Probleme, die Koselleck mit seiner Theorie der Zeitschichten später bearbeitet und gemildert hat.

1. Erstens sind die Begriffe auf einen polemisch unversöhnlichen Gegensatz von Alt und Neu ausgerichtet, der jegliche Anknüpfung an Vergangenes ausschließt: im modernen Zeitregime ist die Erinnerung nicht vorgesehen.

2. Zweitens hat die Gegenwart in diesem Schema gar keinen Platz. Sie ist nichts anderes als der Moment des Brechens, der Punkt des Umkippens von Zukunft in Vergangenheit, von Erwartungshorizont in Erfahrungsraum. Das ist maximal kontra-intuitiv, denn die Gegenwart ist ja, wie wir wissen, die einzige Zeit, die wir zur Verfügung haben. Wenn wir uns entwerfend auf die Zukunft oder erinnernd auf die Vergangenheit beziehen, dann tun wir das ausschließlich in der Echtzeit einer raumzeitlichen Gegenwart.

In meinem Buch *Ist die Zeit aus den Fugen?* habe ich die Struktur des modernen Zeitregimes und seine Umsetzung in konkrete kulturelle und politische Praxis näher untersucht. Hier nur ein paar Beispiele für die normative, Fakten schaffende Kraft des modernen Zeitregimes. In den USA etwa ist der Gegensatz von Erfahrungsraum und Erwartungshorizont mit dem sogenannten ›amerikanischen Traum‹ verbunden, einem nationalen Mythos, der das Ideal der gleichen Chancen propagierte, indem er zum Beispiel die Einwanderer von ihrer fremden Herkunft und Armut befreite und ihnen eine goldene Zukunft anbot. Nach 1945 hat das moderne Zeitregime auch in Europa politischen Wandel und sozialen Aufbruch befördert. Man wollte die Vergangenheit hinter sich lassen und alle Energien auf die Zukunft konzentrieren. Das war auch die Botschaft einer Rede, die Churchill 1946 in Zürich vor Studenten gehalten hat:

> »Wir alle müssen den Gräueln der Vergangenheit den Rücken zuwenden. Wir müssen in die Zukunft schauen. Wir können es uns nicht leisten, in die kommenden Jahre den Hass und die Rache hineinzuziehen, die aus den Wunden der Vergangenheit entstanden sind. Wenn Europa von endlosem Unheil und endgültigem

> Untergang gerettet werden soll, müssen wir es auf einen Akt des Glaubens an die europäische Familie und einen Akt des Vergessens aller Verbrechen und Irrtümer der Vergangenheit gründen.«

Auch die Gründung der Konstanzer Universität, die ja ursprünglich gar keine Geisteswissenschaften mit an Bord nehmen wollte, gehört zu dieser zukunftsgewissen und vergangenheitsvergessenen Periode. Denn im Westen wie im Osten herrschte das moderne Zeitregime mit der normativen Kraft des Faktischen frei nach Erich Honeckers Devise: ›Vorwärts immer, rückwärts nimmer!‹

Die Krise des modernen Zeitregimes

Seit den 1980er Jahren, so meine These, ist das moderne Zeitregime in die Krise gekommen. Ich führe das auf drei ganz unterschiedliche Entwicklungen zurück.

Erstens: Die Zukunft ist von einem Gegenstand der Erwartung und Hoffnung zu einem Gegenstand der Sorge und Vorsorge geworden, seit wir um den Klimawandel und die Begrenztheit natürlicher Ressourcen wissen. Die Imperative des Wandels und der Beschleunigung, die das moderne Zeitregime diktierte, haben uns in eine ökologische Krise geführt, auf die wir nun mit Konzepten wie Nachhaltigkeit und Entschleunigung reagieren.

Zweitens: Episoden der Geschichte, die wir glaubten, endgültig hinter uns gelassen zu haben, sind wieder aufgerollt worden und bäumen sich vor uns auf. Das betrifft insbesondere solche Ereignisse, die mit extremer Gewalt verbunden waren: der Holocaust und der Zweite Weltkrieg, die Verbrechen des Kolonialismus gegen die Ureinwohner, die massenhafte Deportation von Afrikanern in die neue Welt und die Sklaverei. Ich spreche deshalb von einer ›Kontinentalverschiebung‹ in unserer Zeitordnung: Während die Zukunft an Strahlkraft verloren hat, macht sich die Vergangenheit immer stärker in unserem Bewusstsein breit. Die Überlast der Gewaltgeschichte des 20. Jahrhunderts hat sich eben nicht einfach mit der Zeit aufgelöst, sondern macht noch gebieterische Ansprüche an unsere Aufmerksamkeit, Anerkennung,

Verantwortung und nicht zuletzt: Erinnerung. Gegen Honecker müssen wir heute Elisas Canetti zitieren: ›Vorbei ist nicht vorüber!‹

Drittens: Unser Zeitverhältnis hat sich auch durch die digitalen Medien grundlegend verändert. Das hängt mit ihrer exponentiell vermehrten Speicherkapazität zusammen. In die digitale Parallelwelt des Internets werden von allen Seiten permanent neue Daten eingegeben und in durchsuchbaren Datenspeichern verfügbar gehalten. Sie sind beliebig verlinkbar, auf Knopfdruck abrufbar und können in Gedankenschnelle in alle Richtungen versendet werden. Die Menschheit hat sich damit ein riesiges kollektives Gedächtnis zugelegt, von dem noch nicht recht absehbar ist, in welcher Weise es unsere Welt verändert. Die Zeit als Beförderer von Vergessen und schleichendem Verfall scheint in dieser Welt außer Kraft gesetzt zu sein. Ein Internettheoretiker spricht deshalb vom Ende der vernichtenden Zeit: ›the end of decay time‹. Während in vor-digitalen Zeiten der Betriebs-Modus der Gesellschaft das Vergessen war und Erinnern der kulturellen Anstrengung und des finanziellen Aufwands bedurfte, scheint es nun im Internet umgekehrt zu sein: nicht mehr das Erinnern sondern das Vergessen ist problematisch geworden und bedarf rechtlicher Abstützung, wie das jüngste Urteil des Europäischen Gerichtshofs zeigt, der soeben ein ›Recht auf Vergessenwerden‹ im globalen Google-Gedächtnis festgelegt hat.

Der Beschleunigungsdiskurs

Da das Fortschrittspathos des modernen Zeitregimes inzwischen weitgehend erloschen ist, gehen wir heute nicht mehr selbstverständlich davon aus, dass jede Veränderung automatisch auch eine Verbesserung einschließt. Unter diesen Umständen haben wir Anlass, unsere Zeitbegriffe neu zu überdenken. Der Kontext, in dem diese Zeit-Fragen heute fast ausschließlich verhandelt werden, ist der Beschleunigungsdiskurs. Beschleunigung ist ein Plastikwort geworden, das ein diffuses Lebensgefühl und eine Lebenskrise ausdrückt. Der Stichwortgeber dieses Diskurses heißt Hartmut Rosa. Er hat uns das surreale Scenario ultramoderner Zeitbefindlichkeit ausgemalt: »Es scheint, als sei alles um uns herum ständig in Bewegung, als stünden wir gleichsam auf einem Abhang, der erdrutschartig in die Tiefe gleitet. Wer nicht pausenlos nach oben rennt, sein Wissen aktualisiert, neue Kleider kauft, die neueste Software installiert, die Nachrichten verfolgt, den Körper trainiert, das Freundesnetz pflegt, kann seinen Platz nicht halten und wird von der über ihn hinwegrollenden Zeit begraben.«[3] Christoph Bartmann, Leiter des Goethe-Instituts in New York und Bestseller-Autor, der gerade in Konstanz zu Gast war, beschreibt diese Lebensform als »fortwährende Flucht aus der Gegenwart«, Paul Virilio hat dafür den Begriff des »rasenden Stillstands« beigesteuert.[4] Die Droge der Beschleunigung hat ihre euphorisierende Wirkung in vielen Bereichen eingebüßt und wird heute primär als Verunsicherung und Überforderung erfahren.

---

3 Hartmut Rosa, »Kein Halt auf der Ebene der Geschwindigkeit«, Frankfurter Rundschau, 3. 8. 2004, Nr. 178, Seite 16; vgl. auch: Hartmut Rosa: Beschleunigung. Die Veränderung der Zeitstrukturen in der Moderne. Suhrkamp Verlag, Frankfurt a. M. 2005, sowie: »Jedes Ding hat keine Zeit? Flexible Menschen in rasenden Verhältnissen« (www.eilkrankheit.de/Textbeitraege/text23.pdf).

4 Christoph Bartmann, Das Leben im Büro, München 2012, Paul Virilio, Rasender Stillstand, Frankfurt a. M. 1998. Vgl. auch Vera King (Hg.), Benigna Gerisch (Hg.) Zeitgewinn und Selbstverlust. Folgen und Grenzen der Beschleunigung, Campus Frankfurt 2009.

2. Teil
Was hat die Beschleunigung der Zeit in Gang gesetzt?

An diesem Punkt möchte ich meinen Rundgang durch Zeitkulturen im Allgemeinen und das moderne Zeitregime im Besonderen abschließen und den Sprung in die Geschichte und zu den Texten machen, die ich heute Abend mit Ihnen lesen möchte. Meine Ausgangsfrage für diese zweite Runde lautet: Was hat die Zeit überhaupt auf den Beschleunigungs-Kurs gesetzt, mit dem wir uns heute auseinandersetzen? Die Betonung der Kürze der Lebenszeit kann es nicht gewesen sein, denn die hat es schon immer gegeben. Davon ist in den Psalmen die Rede, aber auch in dem berühmten römischen Spruch ›ars longa – vita brevis‹. Unser Leben ist, medizinisch betrachtet, ja nicht kürzer sondern länger geworden, warum dann also die Zeitpanik der Beschleunigung? Von Beschleunigung – auf diesen Punkt kommt es mir besonders an - kann man erst sprechen, seit man die Vorstellung von Zeit als einer knappen Ressource entwickelt hat. Darauf möchte ich mich im Folgenden konzentrieren. Wo kommt diese Vorstellung von der Zeit als einer kostbaren und knappen Ressource zum ersten Mal auf? Wenn Sie mich fragen, wo und wann dieses neue Zeitbewusstsein, das eine wesentliche Komponente des modernen Zeitregimes geworden ist, zum ersten Mal belegt ist, lautet meine pointierte Antwort als Anglistin: um 1630 in England im Übergang von Shakespeare zu Milton.

Shakespeare und Milton

Shakespeare und Milton bilden ein etwas schräges Paar. In der englischen Literaturgeschichte werden beide als absolute Einzelgänger gehandelt, die wie Sonne und Mond jeder ihr eigenes Textuniversum mit kultischer Verehrung und sehr klar abgetrennter Rezeptions- und Forschungsgeschichte hervorgebracht haben. Die großen Unterschiede zwischen beiden sind sofort evident: der eine hat sein Genie auf

William Shakespeare 1564 – 1616

John Milton 1608 – 1674

der Bühne des Theaters verwirklicht, der andere hat seine Epen vom *Verlorenen und Wiedergefundenen Paradies* auf der Bühne der Imagination seiner Leser inszeniert; der eine gilt als Krypto-Katholik, der andere ist ein öffentliches Sprachrohr der Puritaner geworden; der eine hat das goldene Zeitalter der Tudor-Dynastie als Friedensära gerühmt, der andere hat sich im englischen Bürgerkrieg engagiert und den Königsmord an Karl I. europaweit öffentlich gerechtfertigt; der eine hatte gute Beziehungen zum Hof und Adligen, der andere galt nach dem Ende des Bürgerkriegs als Hochverräter, dem die Todesstrafe drohte und der in Einsamkeit gegen den Zeitgeist der monarchischen Restoration anschrieb.

Aber es gab auch Verbindungen. Von ihren Lebensdaten her gesehen überschneiden sie sich um 8 Jahre: Shakespeare (1564 – 1616) und John Milton (1608 – 1674). Miltons Vater, der ebenfalls John Milton (1562 – 1647) hieß, ist in seiner Jugend von seinem streng katholischen Vater beim Bibellesen ertappt worden, worauf dieser ihn wütend enteignete. Der musikalische Sohn zog daraufhin vom Land nach London und wurde ein Komponist, der auch ab und zu dichtete, sein Geld jedoch als Schreiber und Geldverleiher verdiente. Da Vater Milton finanziell überaus erfolgreich war, konnte er seinem Sohn die beste klassische Bildung und ein berufsfreies Leben ermöglichen, in dem sich dieser allein seiner literarischen Berufung widmete. Einen Teil seines Geldes hatte der kunstliebende Vater Milton in Shakespeares Unternehmen des Globe Theatre und dessen Theatertruppe investiert. Bei Shakespeares Tod war der Sohn Milton erst 8 Jahre alt; seine Begegnung mit Shakespeare erfolgte über den Druck der Folio-Gesamt-Ausgabe, die 7 Jahre nach Shakespeare Tod erschien. Tatsächlich ist der erste publizierte Text des jungen Dichters ein Huldigungsgedicht an Shakespeare, das er mit 22 Jahren schrieb und das in der 2. Folio Ausgabe von 1632 abgedruckt wurde; ein weiteres Huldigungsgedicht Miltons erschien in einer späteren Folio-Ausgabe.

Miltons Epitaph in der 2. Folio-Ausgabe der Werke William Shakespeares (1632)

Sprache und Bildlichkeit dieses ersten Huldigungsgedichts ist dabei deutlich von Shakespeares Sonetten inspiriert, zu denen ich nun übergehen möchte.

Shakespeare

In Shakespeares Dramen und Sonetten gibt es viele tiefgründige Reflexionen über Zeit, die in antiken und christlichen Vorstellungen von Zeit verankert sind. Als Beispiel dafür möchte ich hier das 73. Sonnet anführen:

That time of year thou mayst in me behold Herbst/
When yellow leaves, or none, or few, do hang Winter
Upon those boughs which shake against the cold,
Bare ruined choirs, where late the sweet birds sang.
In me thou seest the twilight of such day Abend/
As after sunset fadeth in the west, Nacht
Which by and by black night doth take away,
Death's second self, that seals up all in rest.
In me thou seest the glowing of such fire Glut/
That on the ashes of his youth doth lie, Asche
As the death-bed whereon it must expire,
Consumed with that which it was nourished by.
This thou perceiv'st, which makes thy love more strong,
To love that well which thou must leave ere long.[5]

Den späten Herbst kannst du in mir besehen:
Die letzten gelben Blätter eingegangen
An Zweigen, die dem Frost kaum widerstehen,
Und Chorruinen, wo einst Vögel sangen.
In mir siehst Du den späten Tag sich neigen,
Das Dunkel in die graue Dämmrung dringen,
Die Nacht mit ihrer Schwärze langsam steigen
Und Todes Bruder, Schlaf, die Welt umschlingen.
In mir siehst Du die Glut von alten Bränden,
Gebettet auf die Asche bessrer Zeiten –
Ein Sterbelager, wo sie muss verenden,
Verzehrt vom Brennstoff eigner Lustbarkeiten.
Siehst Du all dies, wird's Deine Liebe steigern:
Denn was Du liebst, wird Tod Dir bald verweigern.
(Michael Mertes)

Das Ich dieses Gedichts spricht darin die Erfahrung des Alterns aus der subjektiven Perspektive aus. Dem jüngeren Freund, dem im Ge-

5 William Shakespeare: *Sonnet 73*, in: ders.: *The Norton Shakespeare. Based on the Oxford Edition*, hg. von Stephen Greenblatt u.a., New York/London 1997, S. 1947.

dicht angeredeten Du, werden die altersbedingten Veränderungen in Sinnbildern des Vergehens vor Augen geführt. Das Zur Neige Gehen des menschlichen Lebens wird nacheinander mit drei Bildern veranschaulicht: (1.) der Herbst in Gestalt der entblößten und verstummten Natur; (2.) der Abend mit seiner Ruhe nach Sonnenuntergang; und (3.) die Stunde des Todes als erkaltendes Feuer in der Glut der Asche.

Die Reihe dieser Bilder führt von den sichtbaren Anzeichen des Alterns zum Versiegen der unsichtbaren Lebenskraft selbst, dem belebenden und animierenden Feuer, das den Menschen gleichzeitig ernährt und verzehrt. (Diese großartige Formulierung hat übrigens ihre Bestätigung in der medizinischen Forschung gefunden: Der Sauerstoff, der uns das Leben einhaucht, ist zugleich die Kraft, die den menschlichen Organismus zerstört.) Das Leitmotiv in allen Variationen des Niedergangs ist die Zeit selbst, die bereits mit dem zweiten Wort des Gedichts genannt ist. Die vernichtende Kraft der Zeit, die entzieht, raubt und zerstört, erweist sich als Verbündete der Nacht und des Todes: »black night [...], | Death's second self, that seals up all in rest«. In der Abfolge der drei Quartette über Jahreszeit, Tageszeit und Todesstunde verknappt sich die Zeit merklich im Gedicht: Wie der Sand im Stundenglas fließt sie immer schneller und sichtbarerer zum Ende hin. Von Zeitverknappung und Beschleunigung ist auch im Schluss-Couplet noch einmal explizit die Rede: Da die Zeit schwindet, werden die letzten Stunden immer kostbarer. Vor dem Hintergrund der manifest gewordenen Vergänglichkeit des Lebens, so die Hoffnung, soll die Liebe des Freundes in dem Maße gestärkt werden, wie die eigene Vitalität abnimmt.

Dieses Sonett ist charakteristisch für Shakespeares Darstellung der Zeit. In dieser Tradition ist Zeit eine Urkraft, die dem Menschen unerbittlich entgegentritt, sei es im Kleinen als ein Zahn, der alles anknabbert und zernagt, sei es im Großen als eine Naturgewalt der Zerstörung, der nichts standhält. Die Zeit flieht, schwindet, frisst und bringt zum Verschwinden – das ist das alte Lied, das in immer neuen Strophen von ihr gesungen wird. Die klassische Ikonographie der Zeit bringt diese Gewalttätigkeit anschaulich zum Ausdruck.

TEMPUS EDAX: aus ***X****ronos, dem seine Kinder fressenden Titan, wird* ***Ch****ronos, die Zeit; links: Peter Paul Rubens; rechts: Francisco de Goya*

Das Bild von der fressenden Zeit (Tempus edax) geht auf einen Schreibfehler im Griechischen zurück. Wenn man die Buchstaben K und CH austauscht, kann man leicht Kronos, den Titan, der seine Kinder frisst, mit Chronos, dem Wort für Zeit verwechseln. Eine weitere Allegorie der Zeit, geht ebenfalls auf die griechische Antike zurück: Kairos ist der Augenblick, der zu erfassen ist und in dem gehandelt werden muss.

KAIROS, mythische Verkörperung des günstigen Augenblicks

Diese geflügelte Gestalt, die eine Waage austariert und wie der Götterbote Hermes auch Flügel an den Füssen hat, steht für die Flüchtigkeit der Zeit und den Aspekt des richtigen timings. Das bringt besonders die seltsame Frisur dieser mythischen Figur zum Ausdruck, die nach vorne mit einem üppigen Haarschopf ausgestattet, am Hinterkopf jedoch glatzköpfig ist. Die Kairos-Zeit symbolisiert die Gelegenheit, die im wahrsten Sinne des Wortes ›beim Schopfe ergriffen sein will‹. Die Figur des Kairos ist in der Renaissance als ›Vater Zeit‹ wieder auferstanden und in der Vorstellungswelt in verschiedenen Metamorphosen bis in die Gegenwart präsent. ›Vater Zeit‹ wird in der englischen Kultur mit Bart, Flügeln und Sense dargestellt. Die Flügel verweisen auf seine Geschwindigkeit, die Sense ist das Attribut, das ›Vater Zeit‹ mit dem Tod teilt.

Italienische Skulptur des ›Vater Zeit‹

Pendule mit ›Vater Zeit‹ (französisches Empire, Bronze)

Chronos-Skulpturen auf einem italienischen (links) und einem deutschen Friedhof

In dieser Gestalt ist er auch als Skulptur auf Friedhöfen anzutreffen. Dort ist ihm aber die Sense aus der Hand genommen und auch seine Eile hat er an dieser Ruhestätte abgelegt, wie die meditative Ruhe-Pose zeigt. Im Deutschen ist die Zeit weiblich, weshalb Wilhelm Busch sie als ein rastloses Weib ohne Flügel, aber dafür mit anderen Attributen wie Stundenglas, Sense oder Besen dargestellt hat.

Weibliche Darstellungen der Zeit von Wilhelm Busch (1)
»Eins, zwei, drei – im Sauseschritt
Läuft die Zeit, wir laufen mit.«

Weibliche Darstellungen der Zeit von Wilhelm Busch (2)
»Erst trägt sie dich, dann trägst du sie
Und wann's zu Ende, weiß man nie.«

Dazu die Variante aus Elfriede Jelineks Winterreise (2011):
»Wir legen uns in sie, sie legt uns rein,
wir legen uns in die Kurve, sie schmeißt uns raus.«

Der frühneuzeitliche Father Time, wie er im Englischen heißt, ist aber nicht ausschließlich mit Tod und Vergängnis verbunden. Das Renaissance Motto »Veritas Filia Temporis« kehrt diese Bewegung sogar um. Der Vater Zeit waltet hier nicht nur über Vergessen und Verschwinden, sondern auch über Erinnern und Wiederfinden. Er kann nämlich seiner Tochter, der Wahrheit zu Hilfe kommen und sie aus der Höhle befreien, in die sie sich vor der aggressiven Lüge geflüchtet hat.

VERITAS FILIA TEMPORIS:
Vater Zeit verhilft seiner Tochter – der Wahrheit – zur Erscheinung, die von der Lüge bespuckt wird (›Die Sonne bringt es an den Tag‹)

Diese positive Rolle der Zeit, die der Wahrheit nach einer Phase des Irrtums zur Durchsetzung verhilft, drückt zugleich das neue Selbstgefühl einer Epoche aus, die nach dem verdunkelnden Mittelalter der untergegangenen Kultur der Antike noch einmal zu einem strahlenden Comeback verholfen hat. Shakespeares Winter's Tale ist eng mit diesem Renaissance-Motto verknüpft, das in diesem Drama auch ausagiert wird. Die Bühnenhandlung wird in diesem Fall von der Verblendung der Hauptfigur angetrieben, der ein Regime der Lüge einsetzt. Nach dem dritten Akt leitet eine Personifikation der Zeit die Umkehr ein und stellt sich dabei als Father Time vor:

> I that please some, try all; both joy and terror
> Of good and bad; that makes and unfolds error,
> Now take upon me in the name of Time,
> To use my wings.[6]

> Ich, die ich einigen gefalle und alle auf die Probe stelle,
> die ich Freude wie Schrecken verbreite, mal Böses mal Gutes bringe,
> die ich Verwirrung stifte und wieder löse
> spanne nun, im Namen der Zeit, meine Flügel aus ...

Shakespeares Dramaturgie der Zeit ist also durchaus ambivalent: sie befördert zunächst Lügen und Verwirrungen, die sie dann aber auch selbst wieder aufklärt. Dass Shakespeare der Zeit neben ihrer vernichtenden Gewalt auch eine positiv bewahrende Kraft zugesprochen hat, zeigt das 77. Sonett:

> Thy glass will show thee how thy beauties wear, Spiegel
> Thy dial how thy precious minutes waste, Uhr
> The vacant leaves thy mind's imprint will bear, Notiz-
> And of this book, this learning mayst thou taste: buch
> The wrinkles which thy glass will truly show Spiegel
> Of mouthèd graves will give thee memory;
> Thou by thy dial's shady stealth mayst know Uhr

6 William Shakespeare: *The Winter's Tale*, in: ders.: *The Norton Shakespeare* (Anm. 3), S. 2873-2953, hier: S. 2916 (IV.1, 1-5).

Time's thievish progress to eternity;
Look what thy memory cannot contain
Commit to these waste blanks, and thou shalt find Notiz-
Those children nursed, delivered from thy brain,
To take a new acquaintance of thy mind.
These offices so oft as thou wilt look
Shall profit thee and much enrich thy book.[7] buch

Im Spiegel siehst du deine Schönheit schwinden,
die Uhr zeigt dir, wie die Minuten fliehn.
Im leeren Buch wird sich dein Geist befinden,
und daraus kannst du jetzt schon diese Lehre ziehn:
Dein Spiegel wird dir Runzeln zeigen nur,
die dich an offne Gräber dann gemahnen,
Wie sich der Schatten fortstiehlt auf der Uhr,
zeigt dir die Zeit als Dieb auf ew'gen Bahnen.
Was dein Gedächtnis nicht behalten kann,
das lass auf diese Seiten sich ergießen,
bis die vergessnen Geisteskinder dann
erneut mit deinem Geist Bekanntschaft schließen.
Üb so den Geist, dann siehst du auch sogleich:
du profitierst, und auch dein Buch wird reich.
(übersetzt von Markus Marti)

Das Gedicht beschreibt drei Gegenstände mit unterschiedlicher Zeitqualität. Die beiden ersten Objekte sind Spiegel und Uhr, an denen Zeit auf die übliche Weise in Form von Altern, Vergehen und Verschwinden ablesbar ist.

Während diese Zeit unaufhaltbar auf den Tod (»Time's thievish progress to eternity«) zuläuft, bringt der dritte Gegenstand eine ganz andere Zeit ins Spiel. Es geht um das Commonplace Book, ein zu Shakespeares Zeit beliebtes Notizbuch mit Leerseiten, in das man Verse, Gedanken, Lesefrüchte und Bonmots eintrug. Was immer die Schrift auf diesen Seiten fixiert hat, wird nicht vergehen, so verspricht

7 William Shakespeare: *Sonnet 77*, in: ders.: *The Norton Shakespeare* (Anm. 3), S. 1949.

Auf der Sonnenuhr steht die 12 unten und der Zeiger bewegt sich mit dem Lichteinfall nach rechts (Fassade in München)

TEMPORA MUTANTUR ET NOS MUTAMUR IN ILLIS:
Die Zeiten wandeln sich und wir wandeln uns mit ihnen (aus einem Emblembuch der Renaissance)

der Sprecher des Gedichts, der seinem Gegenüber ein solches Buch zum Geschenk macht. Die Gedanken, die Kinder des Geistes, werden im Buch sicher aufgehoben sein (»thou shalt find | Those children nursed, delivered from thy brain«). Sie werden ausnahmsweise von der Zeit nicht geraubt, sondern erlauben dank ihrer Fixierung auf Papier wiederholte Begegnungen mit jedem Akt des Wiederlesens. Diese bewahrende, schützende und kreative Zeit der Schrift im Allgemeinen und der geformten Sprache der Dichtung im Besonderen, die in vielen anderen Sonetten formuliert wird, ist bei Shakespeare die Rückseite des alles vernichtenden Terrors des tempus edax. In der Natur ist sie nicht zu finden, sondern allein in der Kulturtechnik des sichernden, fixierenden Aufschreibens. Während alles Leben und Wachstum der Natur periodisch auf seine Vernichtung angelegt ist und alle noch so starken Materialien über kurz oder lang erodieren und zerfallen, öffnet sich mit Dichtung und Schrift für die nichtleiblichen Kinder des Geistes eine andere Zeit der Dauer, die vom Vertrauen auf Bewahrung und Erneuerung getragen ist.

Milton

Wie anders klingt das Lied von der Zeit, das eine Generation nach Shakespeare John Milton angestimmt hat! Ich beginne mit einem Sonett, das er an seinem 23. Geburtstag geschrieben hat. Darin bringt der ehrgeizige junge Autor im Jahr 1631 seine Sorge darüber zum Ausdruck, dass er nun seine Jugend hinter sich hat, aber noch immer nichts für die Ewigkeit getan hat. Der Anfang dieses Gedichts ist noch ganz in der traditionellen Bildlichkeit von Father Time gehalten.

Sonnet VII.
How soon hath Time the suttle theef of youth,
Stoln on his wing my three and twentith yeer!
My hasting dayes flie on with full career,
But my late spring no bud or blossom shew'th.
Perhaps my semblance might deceive the truth,
That I to manhood am arriv'd so near,
And inward ripenes doth much less appear,

That som more timely-happy spirits indu'th.
Yet be it less or more, or soon or slow,
It shall be still in strictest measure eev'n,
To that same lot, however mean, or high,
Toward which Time leads me, and the will of Heav'n;
All is, if I have grace to use it so,
As ever in my great task Masters eye.

Wie schnell hat mir die Zeit im Flug gestohln
ein weitres meiner jungen Lebensjahre.
Es fliehn die Tage voller Hast dahin,
doch zeigt mein später Frühling keine Blüte.
Vielleicht sieht man es mir noch gar nicht an
dass ich das Mannesalter schon erreichte,
es fehlt bislang der Schimmer innrer Reife,
der zeitbegnadetere Geister ziert.
Sei's mehr, sei's weniger, sei's bald, sei's später
Das Maß wird ausgewogen und gerecht
mir zugeteilt, bescheiden oder groß
Wohin die Zeit mich führt und höchster Wille.
Alles, wenn ich nur Demut hab, es anzunehmen,
ist Ewigkeit für meinen Auftraggeber.[8]

Mit jedem Jahr, das vergeht und in dem die großen Leistungen, die er von sich erwartet, ausbleiben, steigt der Druck auf den Dichter. Dieser Druck kommt nicht von außen – von seinem Vater oder seinem Tutor an der Universität –, sondern allein von innen. Während er äußerlich erwachsen ist, lassen innerlich geistige Reife und schöpferische Blüte auf sich warten. Der Grundton des Gedichts ist die Ungeduld. Der Sprecher muss erkennen, dass seine Wünsche, seine hohen Erwartungen an sich selbst nicht bestätigt wurden. Seine Enttäuschung und Frustration versucht er poetisch in fromme Bescheidenheit und Demut umzuarbeiten. Er muss seine jugendliche Zielstrebigkeit zügeln,

8 John Milton: *Sonnet VII*, in: ders.: *The Complete Works of John Milton. Vol. III: The Shorter Poems*, hg. von Barbara Kiefer Lewalski und Estelle Haan, Oxford 2012, S. 44 (Übersetzung A. A.).

die Demut lernen und sich Gott bzw. der Zeit vorbehaltlos anvertrauen: »Toward which Time leads me and the will of Heav'n«. Das sind wahrlich ganz andere Koordinaten des Zeitverständnisses: eine sehr persönliche Stimme mit einem konkreten autobiographischen Problem und unverwechselbaren, nicht generalisierbaren psychischen Spannungen und Emotionen, die im poetischen Raum des Gedichts ausagiert werden. Diese Öffnung des Innenraums ist erst durch die puritanische Tradition der ›Selbstverschriftung‹[9] möglich geworden. In dieser Tradition ist Zeit keine mythische Größe mehr, gegen die man ankämpft, oder eine anonyme Kraft, der man immer unterliegt, sondern eine kostbare Gabe, mit der der Schöpfer jedes Leben ausstattet. Wir können hier geradezu von einer neuen Zeitfrömmigkeit sprechen: Zeit ist weder ein unerbittlicher Motor noch ein kosmisches Gesetz, sondern die Dimension, in der Gott und Mensch miteinander kommunizieren. Diese göttliche Gabe der Zeit verlangt nach Buchführung, Rechenschaft und einer Gegengabe. Weil Gott den Dichter mit Zeit und Talenten ausgestattet hat, will sich dieser mit einem großen Werk bedanken, das seinen Schöpfer preist. Fleiß, Ehrgeiz und Ambitionen beruhen für Milton deshalb nicht primär auf Selbstsucht, sondern sind für ihn eine Art Gottesdienst.

Als der Dichter 22 Jahre später erblindete, traf ihn diese Krankheit schwer. Er haderte mit Gott und seinem Schicksal. Wie sollte er unter diesen Umständen das große Lebenswerk vom Verlorenen Paradies, das er sich vorgenommen hatte, vollenden? Sein Dilemma vor dem Hintergrund des puritanischen Arbeitsethos hat zweieinhalb Jahrhunderte später Max Weber in einem berühmten Aufsatz mit dem Titel »Asketischer Protestantismus und kapitalistischer Geist« auf den Punkt gebracht. Weber hat dafür nicht die Schriften John Miltons, sondern die seines Zeitgenossen, des puritanischen Pfarrers und Erbauungsschriftstellers Richard Baxter studiert:[10]

9 Vgl. Jürgen Schlaeger: *Das Ich als beschriebenes Blatt. Selbstverschriftlichung und Erinnerungsarbeit*, in: *Memoria. Vergessen und Erinnern* (Poetik und Hermeneutik XV), hg. von Anselm Haverkamp und Renate Lachmann, München 1993, S. 315-337.

10 Vgl. Robert A. Wells: *Richard Baxter, Oliver Cromwell, and John Milton. The Attitudes of Three Puritans Towards Art and Literature*, Eckert College 1974.

> Es heißt noch nicht wie bei Benjamin Franklin »Zeit ist Geld«, aber der Satz gilt gewissermaßen im spirituellen Sinn: sie ist unendlich wertvoll, weil jede verlorene Stunde der Arbeit im Dienst des Ruhmes Gottes entzogen ist. Wertlos und eventuell direkt verwerflich ist daher auch untätige Kontemplation, mindestens wenn sie auf Kosten der Berufsarbeit erfolgt. Denn sie ist Gott minder wohlgefällig als das aktive Tun seines Willens im Beruf.[11]

Vor diesem Hintergrund muss man den persönlichen Normenkonflikt verstehen, den Milton in einem weiteren Sonett ausgetragen hat, das zu den ergreifendsten Zeugnissen der Weltliteratur gehört und in dem »Krankheit als existentielle Prüfung ausgetragen wird«.[12]

Sonnet XVI
When I consider how my light is spent
E're half my days in this dark world and wide
And that one Talent which is death to hide,
Lodg'd with me useless, though my Soul more bent
To serve therewith my Maker, and present
My true account, lest he returning chide,
Doth God exact day labour, light deny'd
I fondly ask; But patience to prevent
That murmur, soon replies, God doth not need
Either man's work or his own gifts, who best
Bear his milde yoak, they serve him best, his State
Is Kingly. Thousands at his bidding speed
And post o're Land and Ocean without rest:
They also serve who only stand and waite.

---

11 Max Weber: *Asketischer Protestantismus und kapitalistischer Geist* [1905], in: ders.: *Soziologie, Universalgeschichtliche Analysen, Politik*, hg. von Johannes Winckelmann, 5. Aufl., Stuttgart 1973, S. 357-381, hier: S. 359.

12 Diese Formulierung verdanke ich dem Wissenschaftshistoriker Michael Hagner.

Wenn ich bedenk, wie mir das Licht erlosch,
umdunkelt in der Hälfte meiner Tage,
und das Talent, das anvertraut mir ward,
liegt in mir brach, wo ich doch danach trachte
des Schöpfers Lob zu mehren und mein Soll
recht zu erfüllen, wie es angemahnt.
»Doch wie kann ich Gott dienen ohne Licht?«
frag ich verstört. Geduld erwidert mir
In sanftem Ton: »Gott braucht nicht Menschenwerk
und eigne Gaben. Am besten dient ihm, wer
sein mildes Joch am besten trägt. Sein Stand
ist königlich. Tausend auf sein Geheiß
sind rastlos unterwegs auf Land und Meer.
Doch dienen ihm auch die, die stehn und warten.«[13]

Die erste Hälfte des Sonetts beschreibt, wie radikal die Erblindung den ehrgeizigen Dichter ausgebremst hat. Wie zwei Jahrzehnte zuvor reagiert er mit Frustration und Ärger, die ganz offen zum Ausdruck kommen. Das Wort murmur (Murren) stammt aus der Sprache des Alten Testaments und beschreibt das widerspenstige Verhalten des Volkes Israel gegenüber den großen Zukunftsplänen Jahwes mit seinem Volk. Milton, der sich berufen fühlte, Großes von Weltrang zu schaffen, war plötzlich von all seinen Ressourcen als Dichter und Gelehrter abgeschnitten. Die Schrift als wichtigste Stütze des Geistes – die Shakespeare in seinem Sonett gepriesen hat – war ihm gänzlich entzogen, die Bücher seiner Bibliothek waren ihm alle verstummt; er musste sich nun auf andere Menschen verlassen und konnte nur noch hören und diktieren.

Miltons Sonett hat die Form eines Mini-Psychodramas, in dem zwei Stimmen unvermittelt aufeinander stoßen: Das Ego, das seine Verzweiflung über die so verknappte und entzogene Zeit zum Ausdruck bringt, und ein Alter Ego, das einen Standpunkt außerhalb der eisernen Produktionslogik von Leistung und Ertrag einnimmt. Denn diese Rechnung geht hier nicht auf. Der Stimme der Verzweiflung

13 John Milton: *Sonnet XVI.*, in: ders.: *The Complete Works of John Milton* (Anm. 6), S. 245. (Übersetzung A. A.).

antwortet die Stimme der personifizierten Geduld, die dem Sprecher beibringt, dass Stillstand keine Lähmung ist und dass Warten auch eine Form der Aktivität sein kann. Warten allerdings nicht als leere Zeit, sondern als eine gehobene Zeit bewusster Existenz in der Beziehung zu Gott: »his State | Is kingly. Thousands at his bidding speed | And post o're Land and Ocean without rest. | They also serve who only stand and waite.« Als ich meine Studierenden fragte, wer wohl mit den »Tausenden« gemeint sein könnte, die ruhelos und blitzschnell über Land und Meer unterwegs sind, verwiesen sie mich auf den jet set, die Business-Kaste der frequent flyer, die permanent zwischen den Kontinenten unterwegs ist. Dass hier von Engeln die Rede sein könnte, kam den jungen Menschen gar nicht mehr in den Sinn. Wir allerdings erfahren von Milton, dass es auch entschleunigte Engel gibt, die ihm hier als Vorbild dienen.

Miltons Ethos von der Deutung und Ausnutzung der eigenen Lebenszeit ist aufs Engste mit dem Geist des Kapitalismus verschränkt, wie Max Weber in seiner Studie herausgearbeitet hat. »Zeit ist Geld« – dieses Grundgesetz des Kapitalismus hat Benjamin Franklin aber erst ein Jahrhundert nach Milton formuliert.[14]

Benjamin Franklin, Ratschläge für Junge Kaufleute (1748)

Miltons Vater war, wie bereits gesagt, Geldverleiher, der von Zinsen lebte und seinem Sohn auf diese Weise ein Leben für die Kunst finanzieren konnte. Puritaner wie Vater und Sohn Milton haben im Neuen Testament die ›kapitalistische‹ Botschaft sehr klar herausgehört und wussten, dass man Talente nicht vergraben, sondern mit ihnen wuchern sollte. Untätigkeit

14 »Remember, that Time is Money. [...] Remember that Money is of a prolific generating Nature.« Benjamin Franklin: *Advice to a Young Tradesman* [1748], in: ders.: *The Political Thought of Benjamin Franklin*, hg. von Ralph Louis Ketcham, Indianapolis 1965 (Reprint Indianapolis 2003), S. 51-54, hier: S. 51 und S. 52.

war ein Laster; die Gaben, die man erhalten hatte, sollten etwas bringen und am Ende vermehrt zurückgegeben werden. Indem sie ihre Erträge steigerten, konnten die Puritaner gleichzeitig fromm und geschäftstüchtig sein. Die Geschichte des Kapitalismus erhielt aus dieser Einstellung einen wichtigen religiösen Antrieb, kam aber auch bald ohne ihn aus. Die Ausbeutung menschlicher Arbeit im unerbittlichen Takt der Maschinen geschah dann nur noch im Interesse des regierenden Kapitals.

Reklame für eine Taschenuhr (Textilmuseum Augsburg)

Der Motor dieser Entwicklung, der zuvor die Selbstdisziplin gewesen war, wurde nun die erbarmungslose Ausbeutung ganzer Menschengruppen. Gleichzeitig ist aus dem leichten Mantel der puritanischen Geschäftstüchtigkeit über die Jahrhunderte ›das stahlharte Gehäuse‹ des Kapitalismus (wie Max Weber es später nannte) geworden, das wir uns nach der Wirtschaftskrise gerade wieder neu zurechtzubiegen versuchen.

Schluss

Lassen Sie mich die Ergebnisse meines Vergleichs noch einmal zusammenfassen. Shakespeares Zeitverständnis, so die These, ist vormodern. Es ist in sich zwar keineswegs einheitlich und durchaus ambivalent, aber es fügt sich in mythische und kosmische Denktraditionen. Shakespeare kennt Zeit als Agens der Zerstörung, des Entzugs, der Vernichtung; sie befördert den Wandel vom Weniger zum Nichts. In Ausnahmefällen kann die Zeit auch der Wahrheit zur Erscheinung verhelfen, aber was immer entdeckt wird, war vorher schon da, sie bringt es nicht hervor. Im Drama bindet und löst die Zeit die Knoten der Verwirrung, indem sie den Bösen demaskiert und dem Guten zum Sieg verhilft. Das tut sie im Fall der Komödie rechtzeitig und im Fall der Tragödie zu spät. Schrift und Poesie gelten als die wichtigsten Gegenmittel, die die Zeit außer Kraft setzen können in einem Freiraum der Kunst, in dem menschliche Werke geschützt, bewahrt und erneuert werden.

Was es bei Shakespeare jedoch nicht gibt, ist die Auffassung von Zeit als Motor des Wandels im Sinne der Entwicklung des Neuen und der Beförderung des Fortschritts. Da diese Auffassung zur Grundlage des modernen Zeitregimes geworden ist, bezeichne ich Shakespeares Zeitauffassung als vormodern. Die Zeit als positiv besetzte kreative Kraft, die Neues in die Welt bringt und weiterbildet, ist bei ihm noch nicht vorgesehen. Bei Milton dagegen ist die Zeit nicht mehr der mythische Widersacher und auch keine zerstörerische Naturkraft, sondern eine überaus kostbare Gabe und Chance, die genutzt werden will. Die Erfahrung der Verknappung von Zeit ist bei ihm nicht erst eine Sache des Alters wie in Shakespeares 73. Sonett. Sie beginnt schon im 23. Lebensjahr, und im 47. Lebensjahr ist es auch nicht das Alter, das die Zeitkrise hervorbringt, sondern der Schaffensdruck. Jedes Mal besteht die Herausforderung für den Dichter darin, von Beschleunigung auf Entschleunigung umzustellen, ein sehr modernes Problem, wie wir aus heutiger Perspektive hinzufügen dürfen. Zu diesen Unterschieden im Umgang mit Zeit passt übrigens auch, dass Shakespeares Biographie auf vormoderne Weise löchrig ist. Weder ist sein genaues Geburtsdatum bekannt, noch weiß man, wo sich der Dichter von seinem 21. bis zum 28. Lebensjahr rumgetrieben hat. In Miltons Biographie dagegen gibt es keine ›lost years‹. Seinen 23. Geburtstag hat er selbst zum Anlass genommen, um über seine persönliche Zeitkrise nachzudenken. Reinhart Koselleck hat die Epoche des modernen Zeitregimes mit der Sattelzeit am Ende des 18. Jahrhunderts beginnen lassen. Ich wollte mit einem Vergleich der Sonette auf eine Sattelzeit en miniature aufmerksam machen, die sich um 1630 abzeichnet und an den gegensätzlichen Zeitkonzeptionen von Shakespeare und Milton belegen lässt.